LA RECHERCHE DE LA PATERNITÉ

Question renvoyée à l'étude des LL∴ par le Convent de 1909

RAPPORT

présenté à la R∴ L∴ "La Raison"
Par le F∴ A. BOUTIN

La question de la recherche de la paternité est, comme la peine de mort, une des questions qui reviennent périodiquement, ou plutôt qui sont en permanence à l'ordre du jour de ceux que les questions sociologiques intéressent. Si ces deux questions ne semblent jamais avoir reçu de solution définitive, mais seulement des solutions précaires et provisoires, cela tient à la complexité des questions qu'elles soulèvent et non à la mauvaise volonté des législateurs ; cela tient à ce que les solutions affirmatives et les solutions négatives entraînent également des conséquences sociales fâcheuses.

Et tout d'abord, énonçons clairement le problème. En quoi consiste, d'une façon précise, cette question de la recherche de la paternité ?

Elle consiste essentiellement en ceci: un enfant va naître ou est né, en dehors du mariage ; cet enfant a nécessairement un père physiologique et un seul ; ce père est légalement inconnu ; moralement, donc indubitablement, sa paternité impose à ce père des devoirs ; la loi doit-elle, si elle le doit, la loi peut-elle présumer ce père qu'elle n'indiquait pas avant la conception de l'enfant, et le présumant, peut-elle lui imposer cette paternité ? Si la loi civile lui impose cette paternité, en vertu de cette loi naturelle et morale que le père a des devoirs à remplir vis-à-vis de son enfant et vis-à-vis de la mère de son enfant, quelles conséquences doit entraîner cette imposition de paternité, pour le père, pour la mère, pour l'enfant, pour les tiers qui peuvent y être intéressés, et pour le corps social entier ? Si on admet, à priori, que la loi a le pouvoir, dans des circonstances déterminées, d'imposer à un homme une paternité qu'il dénie, à qui incombe le soin de rechercher ce père, est-ce à l'enfant seul ? à la mère au nom de l'enfant ? ou à la société intervenant d'office ?

La question ne se pose pas dans le mariage. Le premier effet du mariage à l'égard des enfants nés ou à naître est de leur assurer pour véritable père le mari de leur mère, — sauf désaveu de la part de celui-ci, lequel désaveu ne peut d'ailleurs se produire que dans des circonstances fort étroitement prévues, de telle sorte que dans la pratique ce désaveu ne se produit que très rarement.

La question posée, comment peut-on y répondre ? Comment notre Code civil y répond-il ? A l'esprit se présentent immédiatement deux solutions absolues, intransigeantes, opposées: l'autorisation de la recherche, la prohibition de la recherche. Le législateur, pesant les inconvénients nombreux et graves que présentent chacune de ces deux solutions, choisit celle qui lui parait devoir constituer non une bonne solution, non la meilleure des solutions, mais simplement et modestement la moins mauvaise.

Dans la pratique, il n'est guère de législations qui soient absolument prohibitives ; la plupart admettent que dans des circonstances exceptionnelles, que la loi indique ou qui sont laissées à l'appréciation du juge, l'enfant, ou la mère, ou la société peuvent être autorisés à rechercher la paternité. Au contraire, il est des législations, principalement

dans les pays germaniques, qui admettent, et même très largement, cette recherche, avec un minimum de restrictions, pour écarter les actions intentées dans un but trop manifeste de scandale ou de chantage. —

Nous nous proposons, en terminant cette petite étude, de passer rapidement en revue les diverses législations étrangères. Pour le moment, nous nous bornerons à examiner ce qui se passe en France.

En France la recherche de la paternité et de la maternité est réglée par les articles 340, 341 et 342 du Code civil. Voici ces articles :

ART. 340. — La recherche de la paternité est interdite. Dans le cas d'enlèvement, lorsque l'époque de cet enlèvement se rapportera à celle de la conception, le ravisseur pourra être, sur la demande des parties intéressées, déclaré père de l'enfant.

ART. 341. — La recherche de la maternité est admise.

L'enfant qui réclamera sa mère sera tenu de prouver qu'il est identiquement le même que l'enfant dont elle est accouchée.

Il ne sera reçu à faire cette preuve par témoins que lorsqu'il aura déjà un commencement de preuve par écrit.

ART. 342. — Un enfant ne sera jamais admis à la recherche, soit de la paternité, soit de la maternité, dans les cas où suivant l'article 335, la reconnaissance n'est pas admise.

L'article 335 dit que la reconnaissance des enfants naturels ne pourra avoir lieu au profit des enfants nés d'un commerce incestueux ou adultérin.

La jurisprudence de la Cour de Cassation a complété ces articles par les décisions suivantes :

La recherche de la paternité est interdite aussi bien contre l'enfant qu'en sa faveur, lors même qu'il s'agit de contester à l'enfant un legs prétendu fait par un père adultérin.

La recherche de la maternité n'est admise qu'en faveur de l'enfant et jamais contre lui. — C'est un droit exclusivement attaché à la personne de l'enfant.

Donc, la loi française interdit, par l'article 340 du Code civil, la recherche de la paternité, sauf le cas d'enlèvement dont la date coinciderait avec l'époque possible de la conception. La bataille sur cette question roule donc toute entière autour de cet article 340. Faut-il le maintenir tel qu'il est ? Faut-il l'abroger ? Faut-il le modifier en ajoutant au cas d'enlèvement d'autres cas, plus ou moins nombreux, mais précis ? Et s'il convient de le modifier ou de l'abroger, quelles seront les conséquences légales de cette abrogation ou de ces modifications ?

Voilà l'état actuel de la question. Mais il n'est pas mauvais de chercher à savoir ce qui se passait autrefois. La loi française a-t-elle toujours été aussi sévère ?

Je ne puis dire ce qui se passait à cet égard au moyen âge. Il est probable que notre vieux droit coutumier, patiemment feuilleté, étude trop longue et trop spéciale pour que j'ai pu la faire, révélerait sur ce sujet, comme sur tant d'autres, les coutumes les plus curieuses et les plus bizarres. Le plus vieux texte législatif que je connaisse est un édit de Henri II, daté de 1556, obligeant la fille grosse à déclarer sa grossesse et le nom du père prétendu. Si le père n'avouait pas sa paternité, la fille grosse était admise à en faire la preuve par tous les moyens ; la valeur de ces preuves était à la seule appréciation des juges. Si la fille grosse était servante, sa seule affirmation, sans qu'il fut besoin d'autres preuves, suffisait pour attribuer au maître la paternité de l'enfant à naître.

On pense si une pareille législation favorisait les abus ; si de nombreux maîtres se virent attribuer la paternité des enfants de leurs domestiques mâles ou de tous autres. Les scandales furent tels et les plaintes si nombreuses qu'au milieu du XVIIIe siècle, ce privilège de croyance attribué à la servante fut aboli.

L'édit de 1556 autorisait la recherche de la paternité même simultanément contre plusieurs hommes; à diverses reprises, et jusqu'en 1761, quatre personnes furent simultanément condamnées à des dommages-intérêts envers la mère et à des aliments envers l'enfant, comme ayant eu des relations avec la mère à l'époque de la conception. Je dois ajouter que notre ancien droit considérait la séduction comme un délit et la frappait pénalement.

Et tout cela en vertu de cet adage, dont je laisse surtout aux médecins le soin d'apprécier l'exactitude: « On doit croire une fille qui accouche ! »

Les abus étaient si nombreux, les condamnations d'une si criante injustice, les procès si scandaleux, il y eut tant et tant de filles ne cherchant qu'à exploiter leur faute ou leur débauche, obligeant au mariage, par crainte de forts dommages-intérêts, des hommes qui n'étaient pas les pères de leurs enfants, les protestations s'élevèrent si fortes et si unanimes, qu'elles entraînèrent à diverses reprises celles des hommes les plus sages, les plus pondérés, les plus vertueux. D'Aguesseau flétrit une législation qui permettait de tels abus et de tels scandales. Si bien qu'à la veille de la Révolution, de nombreux cahiers demandèrent la prohibition absolue de la recherche de la paternité.

La Législative, tenant compte de tous ces scandales, et considérant que la recherche de la paternité était immorale et favorisait le libertinage, en donnant aux filles la certitude ou l'espérance d'être secourues, qu'elle permettait d'abominables vengeances et de honteux chantages, raya du droit la recherche de la paternité. A diverses reprises, la Révolution se trouva en présence de cette question et ses Assemblées s'opposèrent toujours à la recherche de la paternité; telle fut à deux reprises la doctrine de la Convention, telle fut la doctrine du Directoire. On peut donc affirmer que quand le Code civil qui régit aujourd'hui la matière fut discuté, il ne fit qu'accepter l'héritage de la Révolution. Lors de la discussion des articles 340 et suivants, Bigot de Préameneu, une des lumières de la Cour de Cassation, reprit les arguments des Cahiers; il rappela les excès auxquels la recherche avait donné lieu sous l'ancien régime; il rappela que les vieillards mêmes les plus respectables n'étaient pas à l'abri des revendications de femmes impudentes et d'enfants intéressés à faire du chantage; il rappela quelles traces douloureuses et ineffaçables ce genre de calomnies avait laissées dans tant de familles honorables, et avec quelle unanimité, à la veille de 1789, les recherches de paternité étaient considérées comme un véritable fléau social.

De nos jours et à diverses reprises, l'opinion publique et le Parlement ont été saisis à nouveau de la question; d'assez nombreux projets de loi ont été déposés devant le Parlement, tendant soit à l'abrogation de l'article 340, soit à le modifier dans un sens qui permettrait, sous certaines conditions restrictives ou dans des cas bien définis, la recherche de la paternité. Qu'il nous suffise de rappeler les campagnes de Rivet, de 1883 à 1889, et avant ces campagnes le projet de M. Bérenger qui échoua devant le Sénat, en 1878.

Quels sont les arguments en présence ?

Ceux qui demandent, soit l'abrogation de l'article 340, soit l'extension à de nombreux cas de la seule exception qu'il prévoit en faveur de la victime d'un enlèvement, constatent qu'une faute, s'il y a faute, a été commise à deux; que la maternité naturelle retombe fatalement et lourdement sur la mère seule; que sa grossesse entraîne pour elle le déshonneur, et souvent la misère; que sa maternité illégitime la mène assez souvent au crime; que sa détresse, son désespoir, le lâche abandon dont elle est la pitoyable victime, l'amènent à voir dans son enfant la cause de ses malheurs et de sa honte, la preuve trop évidente de sa faute et de son déshonneur; que de là à supprimer cet enfant par l'avortement, l'infanticide ou l'abandon, il n'y a que la distance du projet conçu dans l'affolement à l'acte exécuté dans l'irréflexion; que la même douleur et le même désespoir amènent aussi dans le cerveau de l'abandonnée des projets de vengeance qui se traduisent par de nouveaux crimes : tentatives de meurtre, ou assassinats ; qu'enfin, ces amantes délaissées, jugées par un jury qui se laisse aisément apitoyé par les circonstances atténuantes de la cause et l'éloquence émue d'un avocat, sont l'objet d'acquittements, dont la répétition est un véritable scandale, socialement préjudicable à l'administration d'une bonne justice. Ils disent aussi que ces amantes abandonnées en état de grossesse ou de maternité se trouvent quelquefois acculées au suicide ou à la prostitution.

Les partisans de l'abrogation de l'article 340 examinent ensuite le sort des enfants illégitimes ; ce sort est pitoyable ; ces enfants non désirés, conçus par une mère qui cachera aussi longtemps qu'elle le pourra le fruit de sa faute, soit pour cacher en même temps sa honte, soit souvent pour conserver jusqu'au dernier moment un gagne-pain dont elle a terriblement besoin surtout en présence des éventualités prochaines, gagne-pain qui peut lui manquer, du fait même qu'elle est grosse ; par une mère qui pendant sa grossesse aura souffert du chagrin et aussi de la misère ; ces enfants viennent au monde, disent-ils, dans de mauvaises conditions physiques, ainsi que le prouve la plus forte mortinatalité qui sévit sur eux. Après leur naissance, ils sont dépourvus de soins, éloignés de leur mère, placés chez des nourrices qui, mal payées ou irrégulièrement payées, les négligent, et sont la proie d'une mortalité plus grande que les enfants légitimes. Enfin, même élevés à grand peine par une mère malheureuse, leur vie n'a que trop de chances d'être particulièrement douloureuse ; plus que d'autres, et les statistiques le démontrent surabondamment, ils fournissent des recrues à l'armée du crime, où ils font leurs débuts comme vagabonds, mendiants et voleurs.

Pendant ce temps, le père s'est soustrait à tous ses devoirs : vis-à-vis de la mère qu'il a pu abuser par de mensongères promesses de mariage et qu'il abandonne au moment précis où elle a le plus besoin d'aide et de réconfort ; devoirs vis-à-vis de l'enfant né de ses œuvres, et qui sont au moins compris dans ce vieil adage : « Qui fait un enfant doit le nourrir ». Il s'en va allègrement, à peine effleuré par la réprobation publique, et pourra voler à de nouvelles conquêtes dont le plaisir sera pour lui, mais qui pourront encore entraîner de nouvelles larmes et de nouveaux malheurs.

Ne peut-on, disent-ils, admettre la mère ou l'enfant, ou tous les deux à rechercher l'auteur de tant de maux ? On argue de la difficulté ou de l'impossibilité de faire la preuve ; dans certains cas, la difficulté ne sera pas grande. Il arrive assez fréquemment que l'amant a reconnu, par des lettres missives ou devant témoins, la paternité de l'enfant né ou à naître ; il arrive assez fréquemment qu'à l'époque vraisemblable de la conception, l'amant entretenait des relations avérées avec la mère ; il arrive aussi que l'amant vive maritalement avec la mère, la traite comme il traiterait une légitime épouse, pourvoit à ses besoins et à ceux de ses enfants, tolère qu'elle et ses enfants portent publiquement son nom ; qu'il élève, comme un père, les enfants de cette femme ; qu'il y a, en un mot, une réelle possession d'état. Y a-t-il dans ces cas difficulté à désigner le père ?

Est-ce que le mariage établit la preuve matérielle de la paternité ? Non. Du fait du mariage, et de la cohabitation habituelle des époux, il s'établit simplement présomption légale de paternité. Hé bien, lorsqu'il y a commencement de preuves écrites, lorsqu'il y a relations sexuelles avouées ou avérées vers l'époque de la conception, lorsqu'il y a concubinage, possession d'état, lorsqu'il se trouve réunies ainsi des présomptions nombreuses, précises et concordantes, pourquoi ces présomptions ne seraient-elles pas suffisantes pour déterminer, comme dans le mariage, une vérité légale, et obliger ainsi à accomplir son devoir un homme qui s'y dérobe par le plus lâche des abandons ? C'est par une fiction légale, mais généreuse et inexacte que le Code estime toutes les femmes fidèles dans le mariage ; c'est par une autre fiction légale, mais injurieuse et inexacte qu'il les suppose toutes infidèles hors du mariage.

La moralité d'ailleurs, trouverait son compte aussi dans l'abrogation d'un article du Code vraiment trop dur pour la mère séduite, vraiment trop cruel pour un enfant, à coup sûr innocent, lui, de la faute qui a pu accompagner sa naissance, et dont il est inique qu'il supporte le poids, n'en ayant pas la responsabilité. L'homme sachant qu'il peut être recherché et contraint à de légitimes réparations hésitera sans doute, sinon à séduire une femme, du moins à l'abandonner après l'avoir séduite.

Evidemment, avouent-ils, il y a eu de véritables abus avec l'ancien droit; mais ces abus tiennent moins au principe de l'autorisation de la recherche, qu'à la façon vraiment imprudente dont il était usé de cette autorisation. La cause en est bien simple d'ailleurs; en cas d'abandon, le bâtard était à la charge du seigneur haut justicier qui, par contre, héritait des bâtards quand ils ne laissaient pas comme héritiers des enfants légitimes. On voit donc quel intérêt avaient ces seigneurs à ce qu'il n'y eut pas d'abandon, et pour qu'il n'y en eut pas ils s'efforçaient de trouver un père, coûte que coûte.

A cela que peuvent répondre les partisans du maintien du statu quo ?

Ils répondent que si la législation a flotté en France et est passée de l'autorisation de la recherche à l'interdiction; si à l'étranger le même problème a reçu des solutions différentes, c'est qu'évidemment les solutions adoptées sont imparfaites; c'est qu'on a cru s'arrêter, à diverses époques et dans divers pays, à la solution la moins mauvaise, à celle qui entraînait après elle les moindres inconvénients, les moindres chances de scandale ou d'injustice.

Il naît en France, environ 75,000 enfants naturels par an. Sur ces 75,000 enfants, 14,000 sont reconnus par le père, dès leur naissance; pour ceux-là, et pour leur mère, la question ne se pose déjà pas. On peut affirmer que ces naissances où l'homme reconnaît immédiatement sa paternité répondent aux cas des situations et des femmes les plus dignes d'intérêt.

Les arguments de sentiment sont très touchants et fournissent abondamment matière à situations très dramatiques, soit dans les romans, soit au théâtre; il n'est d'ailleurs malheureusement pas douteux qu'il soit des cas, toujours trop nombreux, où l'abandon de la femme par l'homme constitue une véritable infamie qu'on ne saurait trop flétrir; mais, hélas ! combien est-il de mauvaises actions qu'une conscience droite ne peut hésiter à qualifier très sévèrement, mais qui par leur nature échappent à la loi ?

C'est une très grosse erreur de croire que les femmes soient invariablement intéressantes; dans de très nombreux cas, ce sont des sentiments nullement désintéressés qui poussent une femme dans les bras d'un homme: la véritable séduction, celle où l'homme a eu besoin d'user de grandes ressources d'intelligence, d'éloquence, d'ascendant, de promesses mensongères, est beaucoup plus rare qu'on ne semble croire.

La naïveté, la candeur, l'ignorance des femmes est également bien moindre qu'on ne pense. La fille, même jeune, qui prend un amant se cache; nous ne sachions pas qu'elle fasse immédiatement confidence à sa mère de cette aventure. D'ailleurs, la statistique indique que sur les 75,000 enfants naturels nés dans une année, les mères ont de 15 à 20 ans dans 14,500 cas de 20 à 25 ans dans 29,500 cas, de 25 à 30 ans dans 15,000 cas, de 30 à 35 ans dans 7,500 cas. C'est donc moins d'un cinquième des mères naturelles dont l'âge est inférieur à 20 ans. Et combien peu nombreuses parmi celles-là celles qui peuvent prétendre à la naïveté ?

Certes, à tout âge, il est des mères naturelles intéressantes; mais combien d'autres qui sont corrompues de bonne heure, qui n'ont eu que de mauvais exemples et qui n'ont que de mauvais instincts, qui sont précocement la proie de la paresse, de la coquetterie, de la vénalité, qui dès l'âge de 14 ou 15 ans sont possédées de l'idée fixe de se débarrasser, pour leur agrément ou pour leur intérêt, d'une virginité encombrante jusqu'à ce qu'elle devienne productive. C'est à celles-là et à leurs complices : parents ou amants, que la recherche de la paternité fournira des ressources nouvelles. Il se rencontrera souvent un jeune homme naïf et tant soit peu fortuné, une fille pauvre et corrompue ; d'un côté une famille qui redoute le scandale, de l'autre une famille intéressée à le faire naître et à l'exploiter ; il ne s'agit plus pour la fille que de devenir mère et de compromettre le naïf amoureux, chose aisée, et le chantage se trouve admirablement organisé. Alors, la première fille venue se présentera dans votre famille, et vous dira : « C'est vous ou votre fils qui êtes le père de l'enfant que voici ; prouvez le contraire ! »

Hélas ! la jeune fille la plus digne d'intérêt sera justement celle qui n'osera jamais étaler publiquement sa honte ; elle souffrira en silence, élèvera dans le deuil, la misère et les larmes son pauvre enfant, elle ne demandera jamais rien à personne ; vous la trouverez peut-être à l'hôpital ou à la morgue, vous ne la trouverez pas plaidant devant un tribunal.

Les affirmations des femmes seront toujours suspectes : elles sont **déjà naturellement** enclines au mensonge, et quand il s'agit des choses de leur sexe, la pratique de la vie démontre avec quelle facilité elles mentent et s'obstinent dans leurs mensonges, même contre toute évidence, du moment qu'elles espèrent ainsi atténuer leur faute, dégager leur responsabilité, ou même quand la vengeance les pousse. — J'en appelle à tous les avocats et à tous les médecins.

Les femmes, même jeunes, sont bien loin d'être les oies blanches que les romans honnêtes nous dépeignent ; elles ne sont ni si oies ni si blanches qu'on le suppose. Par la lecture, par les conversations tenues devant elles, par celles qu'elles ont avec leurs petites camarades, par les immondes propos des ateliers, par toutes les promiscuités de la vie à la ville et à la campagne, leurs curiosités sont satisfaites, elles sont admirablement renseignées ; elles savent fort bien, et en ont eu des exemples autour d'elles, à quoi elles s'exposent en cédant à un homme hors du mariage. Mais les conséquences sont lointaines ; elles espèrent d'ailleurs y échapper, et croient connaître des moyens assurés de faire disparaître à temps les preuves trop manifestes de leur chute. Elles savent que quand une fille veut assurer un père certain à son enfant, elle doit se marier ; elles savent que le mariage est une assurance légale à leur profit et au profit des enfants à en naître. Le mariage a ses inconvénients et ses ennuis ; mais on ne saurait avoir la prétention de garder pour soi seule le bénéfice d'un contrat. Si on veut être couverte du risque, il faut payer la prime ; mais ne pas acquitter la prime et vouloir toucher l'indemnité au jour du sinistre est une insoutenable prétention.

Admettre contre l'homme les lettres qu'il aura écrites ? La preuve paraît bonne a priori ; mais les femmes sont bien adroites et il leur sera aisé de faire écrire des choses compromettantes à l'homme épris qu'elles voudront compromettre. Je crois même que le seul fait de collectionner les promesses écrites de l'amant pour en faire éventuellement la base d'une action en recherche de paternité révèle une amante bien prévoyante, bien habile, et par suite déjà peu digne d'intérêt.

Admettre comme preuve de paternité le concubinage avéré, notoire, la possession d'état, c'est proprement prendre les armes pour rien ; puisque ce sont justement là les cas où le père ne s'est pas dérobé à ses devoirs vis-à-vis de la mère et de l'enfant. La recherche serait alors inutile, superflue, sauf quelques rares cas d'abandon tardif.

En outre, on peut affirmer que dans l'immense majorité des cas où des revendications en paternité se produiraient, elles resteront sans conséquences utiles pour la mère ou pour l'enfant. Il sera toujours aisé à l'homme de se soustraire à l'exécution d'un jugement. De quel secours peut être à une malheureuse femme abandonnée avec un enfant, un

homme, le plus souvent sans fortune, ou n'ayant que des ressources dé-
risoires, peut-être insuffisantes pour lui-même, un homme manquant
de cœur et de courage, qui mettra toute son ingéniosité à se dérober, à
qui sera imposée une paternité, toujours improuvable, et qu'il dénie.

Quel bénéfice tangible espérer de la recherche ? Pour la mère, une
modeste indemnité, pour l'enfant, une créance alimentaire, quelques
subsides, une légère pension. Mais pratiquement, tout cela ne se résou-
dra-t-il pas à zéro ? Ceux qui voient les choses de près, savent perti-
nemment combien il est difficile et souvent impossible déjà aux femmes
divorcées, aux mères légitimes, de toucher les pensions qui leur sont
allouées. Quand il s'agit de faire exécuter les jugements qu'elles ont
péniblement obtenus, elles s'aperçoivent que ces jugements ne sont que
de vaines formules, des promesses qui ne sont point tenues. En présence de la mauvaise volonté et souvent aussi de l'impuissance où est
l'homme de payer ce qu'il a été condamné à payer, elles se lassent vite
et y renoncent. Il en sera bien évidemment ainsi avec les pères naturels.

Reste donc le cas où le père présumé présente une certaine fortune,
des ressources fixes, saisissables, une surface, des garanties effectives.
Mais c'est précisément celui où la demande en recherche de paternité
sera le plus suspecte, où se produiront le plus aisément les mensonges,
les scandales, les chantages. Pour espérer un paiement réellement effec-
tif des indemnités et pensions allouées, il faut donc admettre des pères
riches. Je crois que c'est là une grosse illusion. Si quelque chose me
paraît certain, c'est que les filles sont débauchées dans leur milieu : les
filles du peuple par les garçons du peuple ; à Paris, les ouvrières et les
employées par les ouvriers et les employés ; les domestiques par les
garçons épiciers, bouchers, etc., qu'elles connaissent en faisant leur
marché, et qu'elles retrouvent la nuit venue dans la promiscuité des
sixièmes ; à la campagne, les filles de ferme ont pour amants les jour-
naliers. Ce n'est que dans les feuilletons et au théâtre que les jeunes
et belles ouvrières sont poursuivies et débauchées par de riches vicom-
tes ; dans la réalité, le trottin de la rue de la Paix qui suit un monsieur
chic, jeune ou vieux, se livre à un véritable acte de prostitution. Nous
avons assez de reproches à faire aux riches, et justement mérités, ne
leur faisons pas celui-là ; ils ne le méritent guère. Leur vanité stupide
peut trouver son compte à laisser croire à des conquêtes dans le monde
ouvrier, elle s'abuse : dans la réalité, ils ne cueillent pas de fleurs sur
pied, mais simplement des bouquets à la main.

On accuse aussi volontiers les bourgeois de débaucher leur bonne,
et les patrons de débaucher leurs ouvrières. Des cas peuvent se produire où s'exercent ces marchandages honteux, je les crois assez rares.
D'ailleurs, à moins d'accorder pleine créance à la femme qui se plain-
dra, ces cas seront de ceux où il sera le plus difficile à la plaignante
d'apporter le moindre commencement de preuve ; de pareilles relations
étant essentiellement courtes et ne comportant habituellement ni preuves écrites, ni concubinage, ni possession d'état. Cas suspects aussi : il
ne faut pas se dissimuler que les femmes s'offrent assez aisément,
quand elles espèrent trouver des avantages assez sérieux dans cette offre ;
en outre, il est si aisé à une bonne de dénoncer le bourgeois riche de
préférence au garçon boucher, ne serait-ce que pour faire une mé-
chanceté à Madame ; il est si aisé à une ouvrière de dénoncer le pa-
tron. Les femmes qui ont cédé le plus volontairement n'invoquent-
elles pas l'excuse de n'avoir cédé qu'à la pression, à la menace, même à
la force ; il leur paraît qu'elles atténuent ainsi leur responsabilité, et au
besoin qu'elles la déplacent.

En réalité, les femmes accusent volontiers du fait de l'homme des
inégalités qui sont du fait de la nature. Ce n'est pas la faute de l'homme
si la maternité est un fait patent, tandis que la paternité ne peut
jamais être qu'un acte de foi ; c'est la faute de la nature.

On se plaignait, à la veille de la Révolution que les intrigants les
plus abjects prétendaient s'introduire dans les familles les plus distin-

guées et surtout les plus opulentes; on se plaignait de compter, pour une infortunée réclamant un secours légitime, mille prostituées spéculant sur leurs désordres et mettant à l'enchère la paternité dont elles disposaient; on se plaignait de voir que constamment le père désigné était choisi parmi les plus vertueux et les plus riches, afin de taxer le taux du silence au taux du scandale. Ces motifs et ceux que nous avons déjà exposés plus haut et qui ont amené la prohibition totale de la recherche de la paternité n'ont rien perdu de leur valeur.

Nous croyons avoir démontré que dans les cas les plus intéressants, cette recherche risquerait le plus souvent d'être superflue ou de n'apporter que des bénéfices par trop platoniques ? C'est donc pour un très petit nombre de cas, où la femme est bien évidemment victime, où l'homme est bien évidemment coupable, où il y aurait une réparation effective, qu'on abrogerait ou modifierait l'article 340, sans crainte de s'exposer à commettre des erreurs monstrueuses en imposant à des hommes innocents, par simple décision judiciaire, une paternité, improuvable par essence, et qu'ils dénieraient, qu'on ouvrirait la porte aux procès les plus scandaleux de filles intéressées à faire du chantage, en apportant le déshonneur, la ruine, la désunion dans des familles respectables, qu'on s'exposerait à ce que, malgré toutes précautions légales, des actions imprudentes soient souvent engagées par des filles impudentes qui s'établiront filles séduites, comme elles s'établiraient modistes ou parfumeuses.

Ce n'est pas sans raison que la loi (article 334 du Code civil) exige que la reconnaissance d'un enfant naturel soit faite par acte authentique, lorsqu'elle ne l'aura pas été dans son acte de naissance. La loi veut que cette reconnaissance soit non seulement libre, mais encore spontanée; elle veut garantir la liberté entière de l'auteur de la reconnaissance. Le législateur n'a pas voulu admettre comme reconnaissance les engagements les plus formels pris devant témoins ou par écrit par l'amant; le législateur savait bien combien il est aisé d'abuser un homme, combien il est facile à une femme de l'amener par ses obsessions à prendre toutes sortes d'engagements envers elle et à son profit. C'est une légende que la femme sexe faible : autant et souvent plus que l'homme, lorsqu'elles y ont intérêt, elles savent vouloir et ne pas vouloir.

Evidemment, la femme qui, ayant recherché, soit en son nom, soit au nom de son enfant, un individu comme père de cet enfant, et qui serait déboutée, pourrait être et même devrait être assimilée à une diffamatrice, et frappée des peines assez sévères qu'entraîne la dénonciation calomnieuse : un mois à un an de prison et une amende de 100 à 3,000 francs (Code pénal, art. 375). Mais il est aisé de prévoir qu'elle plaidera la bonne foi, que c'est souvent le minimum qui sera appliqué et encore avec la loi de sursis. Enfin, c'est bien mal connaître la femme que croire, quand elle sera poussée par l'intérêt ou la vengeance, que de pareilles considérations puissent l'arrêter. Ce serait là une maigre compensation pour l'homme innocent, ainsi diffamé. Quand il sera célibataire, le procès scandaleux ne le frappera encore que d'une façon supportable; mais que l'on considère les recherches en paternité adultérine ou incestueuse. N'est-ce pas là que le chantage se donnera le plus libre cours, sûr de toucher juste; comment une décision judiciaire oserait-elle imposer l'intrusion d'enfants adultérins dans une famille régulière, un détriment de l'épouse légitime, au détriment des enfants légitimes; quelle ne serait pas la douleur de ces innocents ainsi frappés sans pitié ? Il est vraisemblable que la crainte de pareils scandales empêchera toujours le législateur d'accorder la faculté de recherche aux enfants adultérins et incestueux; mais alors ce sera précisément le plus coupable, celui qui n'aura pas reculé devant l'adultère ou l'inceste qui jouira d'une impunité que n'aurait pas le simple père naturel.

En outre, au point de vue purement juridique, nous ferons observer qu'en bonne justice on ne doit jamais admettre de simples présomptions ; à la certitude de la peine doit répondre la certitude de la culpabilité, et on voudrait imposer la paternité, chose essentiellement improuvable, sur de prétendues preuves qui ne peuvent jamais être que de simples présomptions.

Le juge est-il d'ailleurs complètement désarmé à l'égard du père coupable et qui se dérobe ?

Jusqu'en 1845, les tribunaux ont considéré que l'article 340 était tellement net, tellement formel, tellement impératif, que sous aucun prétexte et de n'importe quelle manière, on ne pouvait le tourner. Depuis, et surtout dans ces dernières années, la jurisprudence s'est autrement orientée ; ce n'est pas l'article 340 qui est invoqué, ce sont les articles 1142 et 1382 du Code civil.

Voici ces articles :

ART. 1142. — Toute obligation de faire ou de ne pas faire se résout en dommages et intérêts en cas d'inexécution de la part du débiteur.

ART. 1382. — Tout fait quelconque de l'homme, qui cause à autrui un dommage, oblige celui par la faute duquel il est arrivé, à le réparer.

Le premier de ces deux articles prévoit donc la rupture de contrat, le manque à tenir une promesse ou un engagement ; le second prévoit la réparation d'un préjudice causé. On voit comment, dans l'ordre de questions qui nous occupe, le juge applique ces deux articles. Il applique l'article 1142, en considérant la promesse de mariage non tenue, les promesses non tenues et faites par lettres de subvenir aux besoins de la femme et de son enfant comme de véritables ruptures de contrat. Il applique l'article 1382 en considérant que, dans certains cas, la séduction peut-être assimilée à des manœuvres coupables, que des promesses de mariage ou de subvenir à l'entretien d'une femme et de l'enfant de cette femme, si ces promesses ne sont pas tenues, sont dolosives et entraînent la responsabilité civile ; il considère également que la grossesse du fait certain d'un homme équivaut à un préjudice causé par cet homme à la femme enceinte de ses œuvres et dont il lui doit réparation.

La jurisprudence se fixe dans ce sens. La Cour de Cassation ayant décidé, à l'occasion de l'application de l'art. 1382, que l'existence d'un préjudice ne suffit pas pour justifier une condamnation à des dommages-intérêts, qu'il fallait encore que l'acte dommageable constituât un délit ou un quasi-délit, le tribunal qui veut appliquer l'article 1382, commence par décider que la séduction est un quasi-délit.

En ce qui concerne l'article 1142, la Cour de Cassation a décidé, à plusieurs reprises, que toute promesse de mariage étant nulle en soi, comme portant atteinte à la liberté illimitée qui doit exister dans les mariages, son inexécution ne peut donner lieu à des dommages-intérêts qu'autant qu'elle a causé un préjudice. La Cour de Cassation a encore décidé, depuis 1845, que le préjudice donnant lieu à des dommages-intérêts peut résulter de la grossesse de la fille, lorsqu'il est établi, soit par les circonstances, soit par l'aveu de celui qui avait fait la promesse, que cette grossesse est son ouvrage. C'est en conséquence de ces arrêts que les tribunaux peuvent appliquer au séducteur les articles précités, et qu'ils le font.

Il ne nous semble pas douteux, au point de vue strictement juridique, que la dernière décision de la Cour de Cassation que nous citons, ne tourne très évidemment la loi ; que cette décision est en contradiction formelle avec l'article 340 ; qu'il est réellement illogique de déclarer, dans le même arrêt, qu'un homme n'est pas le père de l'enfant, mais qu'il doit être condamné à des dommages-intérêts comme auteur de la grossesse de la mère. Si cela n'est pas contradictoire, qu'est-ce donc qui est contradictoire ? Mais le juge est un homme, il a un cœur humain ; il se trouve parfois en présence de pauvres filles si évidemment séduites, en présence de détresses si lamentables et si imméritées, d'abandons si injustifiés et si lâches, que, bien qu'il faille estimer très grave le **fait** par le juge de tourner une loi aussi précise, nous n'avons pas le courage de lui en vouloir d'user de subtilité juridique et d'agir en homme de cœur plutôt qu'en impitoyable juriste. Il y a des cas où un attentat contre l'humanité paraît encore plus grave et plus odieux qu'un attentat contre la légalité.

Le juge n'est donc pas désarmé.

Reste l'argument de moralité, d'après lequel l'abrogation de l'article 340 en permettant contre l'homme la recherche de responsabilités, l'empêcherait de chercher à séduire les filles ou tout au moins de les abandonner. J'avoue que cela me semble bien puéril. Si la prohibition de recherche ne retient pas les femmes, si la perspective de grossesse et d'abandon subséquent avec toutes les conséquences si pénibles que cela entraine pour une fille ne peut empêcher sa défaillance, comment veut-on que la perspective d'une recherche lointaine et dont les conséquences ne peuvent être bien terribles retienne un homme. La vérité,c'est que quand des relations tendent à s'établir entre un homme et une femme, l'article 340, actuel, modifié ou abrogé, pèse d'un poids bien léger ; la passion a plus de pouvoir d'action que le Code de pouvoir inhibitoire. Si un homme est assez misérable pour abandonner une femme mère de son fait, on peut être bien tranquille sur la puissance d'arrêt du code.

D'ailleurs, l'expérience a jugé, et contre les partisans de l'abrogation. L'Allemagne et l'Autriche sont deux pays qui admettent largement la recherche de la paternité ; cependant en Bavière, le nombre des enfants naturels atteint le pour cent formidable de 16,17 par rapport aux naissances légitimes; en Autriche ce pour cent est de 13,46; en France, pays de prohibition, comparé à la vertueuse Allemagne et à la non moins vertueuse Autriche, le même pour cent n'est que de 7,35. Le mariage est notablement plus pratiqué en France, pays d'interdiction, que dans les pays de recherche. La prostitution sévit moins cruellement en France qu'en Angleterre, pays de recherche. La criminalité, soit contre l'enfant : avortement, infanticide ou abandon, soit par l'enfant naturel, vagabondage, mendicité et vol, parait tout à fait indépendante de la prohibition ou de l'autorisation de la recherche de la paternité. Nous croyons que la moralité et la criminalité tiennent à des causes autrement multiples et complexes et surtout à des causes économiques : grandes agglomérations urbaines et développement de la grande industrie, trop grande inégalité des fortunes, insuffisance notoire des salaires féminins.

Si la prohibition amène des crimes contre les personnes de la part des amantes délaissées ou des mères abandonnées, il est fort possible aussi que des vengeances éclatantes de la part de l'homme injustement condamné, ne produise de nouveaux crimes.

Il conviendrait peut-être, dans l'hypothèse de l'abrogation de l'article 340, de discuter les divers projets qui ont été présentés : projet Bérenger, projet Rivet, projet des femmes de France. Cela nous entrainerait bien loin et nous paraît sortir des vues qu'on peut se proposer lorsque l'on n'envisage que la seule hypothèse d'un vœu à émettre. L'imagination peut se donner libre cours dans les modifications et codifications que l'on peut instituer sur la suppression de cet article 340 ; nous croyons que ce serait faire œuvre vaine que de se lancer ainsi sur le terrain législatif. Qu'il nous suffise de dire que les plus sérieux de ces projets prévoient, non une autorisation sans limites, mais une autorisation avec de nombreuses restrictions à l'exercice de la recherche de la paternité, soit du fait de l'indignité notoire de la demanderesse, soit du fait du mariage du père présumé, si ce mariage était connu avant la conception. Le plus libéral de ces projets est évidemment celui qui s'écarte le plus du régime actuel; en ce sens le plus libéral appartient aux Femmes de France ; il n'y est tenu compte d'aucune considération, d'aucune objection ; je crois volontiers que le qualificatif libéral y serait avec avantage remplacé par le qualificatif absurde ; la femme y démontre une fois de plus la difficulté à peu près invincible qu'elle éprouve à abstraire sa personnalité d'une question. L'homme y est traité en une bête évidemment et toujours odieuse qu'on ne saurait assez traquer ; la femme y est non moins évidemment considérée comme sa toujours douce et triste victime ; il n'y a que des hommes coupables, il n'y a que des femmes innocentes ; les hommes ont tous les vices, et jamais il ne s'est trouvé une femme pour les exploiter à son profit. Ces dames voudraient que la paternité imposée ne donnât au père aucun droit ni sur la mère, ni sur l'enfant ; par contre, ce père sans droits aurait le devoir de faire à l'enfant une pension alimentaire jusqu'à sa majorité. La femme devrait être crue lorsqu'elle dénoncerait un homme comme père ; pour recevoir sa demande, il ne serait besoin d'aucun commencement de preuves par écrit ; de simples présomptions suffiraient ; ce serait à l'homme dénoncé à faire la preuve qu'il n'est pas père !!!

Evidemment, jamais une femme n'a menti, et, en bonne justice, c'est à l'homme à faire la preuve de son innocence !!! Les bras tombent devant de pareilles insanités : les meilleures causes succomberaient aussi maladroitement défendues. D'ailleurs, quand ces dames ont un fils pubère, elles manifestent une terreur panique que ce naïf jouvenceau ne soit la proie d'une intrigante, comme il y en a tant, disent-elles alors, qui le détourne de sa bonne mère et essaye de lui faire endosser la paternité du voisin.

Pour les projets les plus dignes de nous arrêter et que je ne veux pas examiner, parce qu'il ne s'agit pas de faire œuvre législative, je le répète, la question se pose de savoir si c'est la mère ou l'enfant, ou les deux, qui seraient autorisés à rechercher le père ? Dans les applications qui ont été faites jusqu'ici au sujet qui nous occupe des articles 1142 et 1382 du Code civil, les tribunaux n'ont jamais voulu recevoir que la mère agissant en son propre nom, et ont toujours repoussé toutes les demandes présentées au nom de l'enfant ; cette mise à l'écart systématique de l'enfant tient certainement à ce que son admission aux débats serait une violation par trop évidente de l'article 340. Les mêmes projets prévoient que la recherche ne pourrait être faite qu'en cas de grossesse certaine et pendant un temps à déterminer après la naissance de l'enfant. Ces projets prévoient aussi les conséquences civiles qu'entraînerait l'imposition de la paternité ; les plus pratiques voudraient qu'elle n'entraînât qu'une indemnité pour la mère et au profit de l'enfant une simple créance alimentaire.

*
**

Jetons, en terminant, un rapide coup d'œil sur ce que disent les législations étrangères sur ce sujet.

Nous commencerons par les pays partisans de la recherche, et nous terminerons par les pays de prohibition, autres que la France, bien entendu. Cette étude complète serait très intéressante ; mais elle nous entraînerait bien loin et devrait être, elle aussi, œuvre de juriste. Qu'on excuse donc ma brièveté.

Allemagne. — Pays de recherche permise ; les lettres écrites par le père présumé sont admises comme preuves contre lui ; mais le seul droit que confère la paternité imposée est une créance alimentaire et d'entretien au profit de l'enfant seul ; la pension est calculée, non pas d'après la fortune du père, mais d'après la condition de la mère ; ceci pour ne pas donner prétexte à chantage auprès de pères riches. La mère a juste droit au remboursement des frais que l'accouchement lui a occasionnés, ainsi qu'à ses frais d'entretien pendant les six semaines qui suivent la naissance de l'enfant.

L'enfant seul a droit de recherche.

Angleterre. — La recherche est permise. Avant 1835, la simple déclaration sous serment de la mère était suffisante pour établir la paternité de l'homme qu'elle dénonçait. Les abus étaient tellement nombreux et scandaleux qu'une réforme s'imposait. Cette réforme consista à n'accorder le droit de recherche qu'aux seules mères indigentes; la recherche étant effectuée en leur nom, même sans leur consentement, par la paroisse, après examen. En 1872, nouvelle modification : la mère est déclarée recevable directement, soit pendant sa grossesse, soit pendant l'année qui suit l'accouchement. Le seul droit ouvert reste une simple créance alimentaire. L'enfant naturel reste sans père, et ne peut être légitimé, même par mariage subséquent des parents; il ne peut pas non plus hériter, mais il peut profiter des libéralités de ses parents.

Autriche. — Le Code autrichien est très large. Il y a présomption de paternité contre un homme du seul fait qu'il a cohabité avec la mère aux époques possibles de la conception; une simple lettre écrite par le père est suffisante pour établir la présomption. Cependant, l'enfant ne peut prendre le nom du père que du consentement exprès de celui-ci. Le droit ouvert est une créance alimentaire déterminée par le juge, suivant la fortune des parents.

Canada. — La recherche est permise, et de simples lettres peuvent constituer preuve.

Danemark et Hongrie. — Ces deux pays sont des pays de libre recherche. Toutes preuves sont admises, le juge est souverain pour en apprécier la valeur. Le père que le juge désigne est tenu de rembourser à la mère moitié des frais d'accouchement; il est également tenu à une pension alimentaire au profit de l'enfant. Si le père présumé nie avoir eu des relations avec la mère, le serment lui est déféré. Si cependant ce père présumé paraît au juge peu croyable, s'il est notoirement indigne, et si la mère a déjà fourni quelques commencements de preuves, c'est à la mère que le serment est déféré.

Illinois. — Dans cet Etat de la Confédération des Etats-Unis, la recherche est admise : la mère désigne le père sous serment. Un jury apprécie et décide.

Louisiane. — Pays où la recherche est admise. Les preuves qui peuvent être invoquées contre un homme sont les lettres qu'il a écrites, la possession d'état, le concubinage notoire, l'enlèvement à l'époque de la conception; les preuves testimoniales ne sont acceptées que si la mère est réellement de bonne conduite.

Nevada. — Dans cet Etat, la recherche est admise. Les preuves valables contre le père présumé sont son aveu, la simple déclaration de la mère appuyée d'un témoin valable et digne de foi. Le seul droit ouvert est une simple indemnité une fois versée, qui varie de 50 à 300 dollars.

Argentine. — Recherche admise, mais limitée à la vie du père; le père décédé ne peut plus être recherché.

Suède. — Ce pays est très large. Tous les moyens de preuve sont admis. Dans le cas où le père présumé a fait une promesse de mariage et a abandonné la mère, si ce père présumé est célibataire, la mère a le droit d'exiger le mariage, et l'enfant est légitimé.

Berne. — Chaque canton de Suisse a ses lois. Dans le canton de Berne, la fille non mariée est tenue à déclarer sa grossesse dans les sept premiers mois; sa déclaration doit être accompagnée de la désignation du père. Un tribunal spécial, dit tribunal matrimonial, s'éclaire sur les circonstances particulières de la cause, et a pouvoir de déclarer la paternité.

Grisons. — Dans ce canton, la mère n'est recevable que pendant les six semaines qui suivent la naissance de l'enfant; c'est à elle qu'incombe la preuve de ses relations avec le père qu'elle désigne. Les juges apprécient et décident souverainement. Le serment est déféré à la mère dans les mêmes conditions que dans le canton de Glaris, il est soumis aux mêmes restrictions et produit les mêmes effets.

Glaris. — Ce canton est un pays de libre recherche. La femme non mariée est obligée à une déclaration de grossesse qui peut être accompagnée de la désignation du père. Un tribunal matrimonial fait citer le père désigné, et s'il avoue, enregistre son aveu; s'il n'avoue pas, serment est déféré à la mère. Cependant, si la mère est de mauvaise réputation, si elle a été surprise mentant ou variant dans ses déclarations, si elle a été précédemment l'objet d'une condamnation, et enfin si le père qu'elle désigne est marié et qu'elle ait eu connaissance de ce fait avant sa conception, le serment ne lui est pas déféré. La mère ayant prêté serment, le tribunal déclare la paternité, fixe l'indemnité due à la mère pour frais d'accouchement à une somme variant entre 30 et 60 francs, fixe la pension alimentaire due à l'enfant jusqu'à l'âge de 14 ans. L'enfant naturel acquiert alors de larges droits dans la succession de son père; sa part est fixée aux trois quarts de celles d'un enfant légitime, s'il y en a, et à la totalité de la succession en présence de tous autres ayants droit.

Valais. — Dans ce canton, la recherche de la paternité est prohibée, en principe; mais cette prohibition souffre d'assez nombreuses exceptions. L'action de la mère n'est en tous cas recevable que pendant les trois premiers mois de la naissance de l'enfant.

Zurich. — Dans le canton de Zurich est institué un tribunal matrimonial qui décide souverainement. L'action en recherche ne peut être exercée par la mère que pendant sa grossesse; cependant, s'il y a eu fiançailles avec le père qu'elle désigne ou s'il y a eu aveu par lettre de ce père présumé, la recevabilité de l'action de la mère s'étend à six mois après la naissance de l'enfant.

La loi prévoit de nombreux cas où l'action de la mère doit être rejetée, quand le père qu'elle désigne est âgé de moins de 16 ans, quand elle a été convaincue de mensonge; quand le père présumé est marié; et enfin quand la mère elle-même est mariée, indigne ou adultère.

Venezuela, Costa-Rica, Canton de Neufchatel. — Dans ces deux pays et dans ce canton de la Confédération Helvétique, la recherche de la paternité est rigoureusement et absolument interdite, sans aucune exception.

Belgique. — Le Code civil belge prohibe la recherche de la paternité, sauf enlèvement à l'époque de la conception, exactement dans les conditions et termes de l'article 340 du Code civil français.

Espagne. — L'Espagne est un pays de recherche prohibée, sauf les trois cas de viol, rapt, ou écrits du père reconnaissant sa paternité. L'enfant naturel acquiert, dans ces cas, créance alimentaire et droit successoral égal à la moitié du droit d'un enfant légitime.

Italie. — Pays de prohibition, sauf les deux cas d'enlèvement et de viol. Le droit de l'enfant naturel est une simple créance alimentaire sur le père, que sa paternité résulte d'ailleurs d'un jugement ou de sa déclaration expresse.

Mexique. — Recherche prohibée, sauf les quatre cas de viol, d'enlèvement à l'époque possible de la conception, de possession d'état, le père élevant, nourrissant et traitant notoirement l'enfant comme sien, et enfin engagement écrit du père à l'égard de la mère promettant d'élever l'enfant né ou à naître. Lorsque la justice a décidé la paternité, l'enfant acquiert sur son père naturel une créance alimentaire et aussi des droits successoraux.

Pérou. — Au Pérou, la prohibition est complète, sauf les deux exceptions de rapt et de viol. La paternité imposée dans ces cas donne à l'enfant une créance alimentaire.

Portugal. — La prohibition est complète, sauf les quatre cas de rapt, viol, possession d'état, ou écrit du père reconnaissant l'enfant comme sien. La paternité imposée permet à l'enfant de porter le nom de son père, elle lui constitue créance alimentaire et lui ouvre des droits successoraux.

Roumanie. — La recherche de la paternité était permise autrefois ; mais les scandales furent si nombreux et les abus si criants que depuis 1864 la loi prohibe absolument cette recherche, sauf le cas d'enlèvement à l'époque possible de la conception, comme en France.

Serbie. — C'est un pays de prohibition absolue, sauf les deux cas d'enlèvement et de viol ; et encore, dans ces cas, la paternité ne peut être imposée par le tribunal qu'avec l'aveu du père présumé.

Hollande. — La loi est exactement la même qu'en France.

Grèce. — Pays de prohibition totale, sauf le cas où la mère peut produire un écrit du père reconnaissant sa paternité.

Bolivie. — Pays de prohibition absolue, sans aucune exception, même en cas d'enlèvement ou de viol.

Brésil et Chili. — Ces pays admettent la recherche de la paternité, mais dans des conditions extrêmement étroites.

Honduras. — Ce pays ne permet pas, en principe, la recherche de la paternité ; il n'y a d'exception que pour les trois cas de viol, rapt ou concubinage avéré. Le serment peut être déféré au père. Le résultat de la paternité imposée est une créance alimentaire au profit de l'enfant, et l'ouverture de quelques droits successoraux.

Russie. — Ce pays n'a pas de Code civil. Il n'existe qu'une sorte de Digeste, recueil de droit coutumier et d'oukases.

En Russie, l'enfant naturel ne peut avoir ni père, ni mère ; il n'a, par conséquent, étant toujours de père et de mère inconnus, aucune sorte de droit ni au nom, ni au bien de ses parents. Le concubinage est un acte illicite qui est soumis à des censures et peines ecclésiastiques, qui peuvent valoir à la mère quelques droits alimentaires ; mais cela est extrêmement rare. En cas de viol de la mère, si celle-ci, après poursuite au criminel du violateur, déclare sous serment que l'enfant qu'elle met au monde est le fruit de la violence qu'elle a subie, elle a droit, pour elle et son enfant, à des aliments.

Nous terminerons là ce trop rapide voyage autour des Codes ; il faut en retenir que les solutions apportées dans les divers pays au problème qui nous intéresse sont nombreuses et variées.

Et maintenant comment conclure ?

Voici, après une étude sérieuse, et que je crois impartiale, les conclusions personnelles auxquelles j'aboutis :

CONCLUSIONS

Considérant,

Qu'en soi, la paternité est un fait essentiellement improuvable ; que la conscience répugne invinciblement à ce que la paternité puisse être imposée à un homme qui la dénie, par simple décision de justice ;

Considérant que dans les cas les plus intéressants, par suite des nombreuses reconnaissances au moment même de la déclaration de naissance de l'enfant, par suite du concubinage avéré des parents et d'une véritable possesion d'état, la recherche de la paternité serait superflue ;

Considérant que moins d'un cinquième des mères naturelles est d'un âge inférieur à 20 ans, et que parmi celles-là bien peu peuvent sérieusement arguer de leur innocence et de leur naïveté ; que la femme est un être de raison, qui n'ignore pas les conséquences possibles de sa chute ; que c'est volontairement qu'elle s'expose à ces conséquences et en court le risque, car autrement il y aurait crime ;

Considérant que, si dans certains cas, la conduite de l'homme mérite d'être sévèrement jugée et vigoureusement flétrie par toute conscience droite, c'est précisément dans ces cas de lâcheté et d'indignité notoire de l'homme que les peines qui pourront le frapper seront le plus platoniques et le moins efficaces, car il ne pourra ou ne voudra pas obtempérer au jugement rendu contre lui, et il mettra toute son ingéniosité à se dérober aux obligations résultant de ce jugement;

Considérant que la recherche de la paternité, si elle était autorisée, ouvrirait la porte aux plus scandaleux abus et aux plus éhontés chantages; qu'elle porterait la ruine, le désordre et la douleur dans des familles respectables et innocentes; que ces scandales et abus ont été tels, qu'à des époques diverses et dans différents pays, et en particulier en France, le législateur a été obligé d'arriver à la prohibition de cette recherche; et que, par suite, l'expérience est faite et a décidé;

Considérant que l'interdiction de la recherche est la doctrine même et plusieurs fois affirmée de la Révolution française;

Considérant que dans les cas où le juge peut vraiment atteindre l'homme qui se dérobe à des devoirs impérieux et à de légitimes réparations envers la mère et envers l'enfant des œuvres communes de cette mère et de lui, ce juge n'est pas désarmé; que la jurisprudence, qui tend à s'établir de plus en plus, lui permet, malgré la prohibition énoncée par l'article 340, d'appliquer les articles 1142 et 1382 du Code civil, et d'accorder des réparations équitables et suffisantes;

La R∴ L∴ *La Raison*,

Emet le vœu :

Que l'article 340 du Code civil ne soit pas abrogé et que le statu quo soit maintenu.

Paris, le 19 avril 1910.

Le F∴ Jacob, Vén∴ de l'At∴, félicite l'orateur de son remarquable rapport, mais avoue ne pas partager complètement sa manière de voir. Il estime qu'il y aurait lieu d'apporter quelque atténuation à la rigueur des conclusions du F∴ Boutin. Il y a des cas où la recherche de la paternité pourrait être autorisée, mais il faut que ces cas soient nettement délimités de façon à ne pas tomber dans l'exagération contraire.

Le F∴ Raimondi critique également. De par sa profession, il est journellement en rapport avec des femmes, victimes innocentes du mâle, qui donnent le jour à des enfants dont la destinée ne peut être que pitoyable. André Hesse a fait une enquête à ce sujet, et, tout comme notre F∴ Sembat, il voudrait l'abolition de l'article 340. Il y a 20,000 enfants assistés, c'est monstrueux.

Le F∴ Illch se range à l'avis du F∴ Raimondi.

Le F∴ Delas demande que, tout en conservant l'article 340, l'on examine les cas qui pourraient s'ajouter au cas d'enlèvement pour autoriser la recherche de la paternité. L'intéressant, ce n'est pas tant la mère que l'enfant, auquel dans l'état actuel de la société il importerait de donner un état civil pour que, dès son début dans la vie, il ne soit pas frappé d'un ostracisme injuste.

Le F∴ Adélaine aborde la question au point de vue humanitaire. Il voudrait, si l'on n'autorise pas la recherche de la paëtrnité, que les enfants abandonnés fussent élevés aux frais de la collectivité ; il voudrait également que l'on poursuivît les séducteurs, et que la séduction fut classée parmi les délits punis de prison.

Le F∴ Gendrel s'élève contre cette manière de voir, qui, à son avis, est une mine inépuisable de chantage.

Le F∴ Boutin répond qu'il s'attendait à voir discuter ses conclusions et était persuadé que la L∴ ne les admettrait pas dans toute leur rigueur. Pour lui, il admet que l'on ajoute certains cas bien déterminés, comme les cas de viol, de possession d'état, au cas d'enlèvement prévu par l'article 340, mais il se refuse à suivre le F∴ Adelaine sur la question du délit de séduction. En général le père naturel est pauvre, il ne peut quelquefois satisfaire à ses obligations pécuniaires ; le mettre en prison n'augmentera en rien sa solvabilité et ne donnera pas plus de bien-être à l'enfant abandonné. Le vrai remède est dans l'éducation. Le rapporteur ne partage pas non plus l'avis du F.˙. Parisot qui se déclare partisan du mariage libre. A son avis, il vaudrait mieux que tous les enfants fussent légitimes plutôt que tous naturels. Le mariage est une garantie pour la femme et l'enfant ; c'est d'ailleurs l'homme qui, dans la majorité des cas, se dérobe au mariage.

Le F.˙. Jacob résume la discussion et, de concert avec le F.˙. Teulé, propose de faire imprimer le rapport du F.˙. Boutin, pour le communiquer aux Loges.

L'At.˙., consulté, vote l'impression d'acclamation, mais par treize voix contre douze, décide d'ajouter au rapport le vœu suivant, auquel le F.˙. Boutin déclare ne pas s'opposer.

VŒU

La L.˙. *La Raison*, dans sa tenue solennelle du mardi 19 avril 1910, adopte le vœu suivant :

Considérant que dans son texte actuel, l'article 340 du Code civil est beaucoup trop sévère et donne lieu dans la pratique à des abus évidents au détriment de la femme et de l'enfant naturel ;

Considérant qu'il serait préférable, dans l'intérêt de l'administration d'une bonne justice, que le juge, au lieu de s'appuyer par des voies détournées sur les articles 1142 et 1382 du Code civil, pour réparer les iniquités trop flagrantes auxquelles l'application rigoureuse de l'article 340 donnerait lieu, qu'il trouvât dans un article 340 modifié le moyen de parer légalement aux dites iniquités ;

Considérant qu'il est possible, et par suite qu'il serait humain, qu'il est donc désirable de parer légalement aux abus auxquels a donné lieu, dans le passé, et pourrait donner lieu, dans l'avenir, la recherche imprudente de la paternité ;

Emet le vœu :

Que l'article 340 du Code civil soit modifié dans le sens suivant :

Adjonction au seul cas d'enlèvement qu'il prévoit actuellement, du cas de viol, du cas de concubinage avéré et notoire, lorsque la mère pourra apporter des commencements de preuve par écrit d'engagements pris par le père qu'elle recherche pour son enfant, à son profit ou au profit de cet enfant, ou reconnaissant sa paternité ; enfin, du cas de possession d'état, lorsque le père désigné aura vécu notoirement en état marital avec la mère, aura traité l'enfant de la femme avec laquelle il vivait maritalement comme son enfant ; et lorsque la mère aura des commencements de preuve par écrit ;

Que la recherche de la paternité ne puisse être faite par la mère qu'au nom de son enfant vivant ;

Que la recherche ne puisse jamais être faite dans les cas où l'article 335 du Code civil interdit la reconnaissance (enfant adultérin ou incestueux) ;

Que la paternité naturelle imposée par décision de justice ne confère à la mère que le droit à une indemnité, mais confère à l'enfant tous les droits que les lois actuelles confèrent à l'enfant naturel spontanément reconnu ;

Que la mère déboutée soit, de ce seul fait, traduite en police correctionnelle, comme diffamatrice ou dénonciatrice calomnieuse et, dans le cas d'une condamnation correctionnelle, qu'il ne puisse lui être fait application de la loi de sursis. D'ailleurs, lorsqu'au cours de l'instance, la mère recherchant la paternité aura été convaincue d'indignité, de mensonge ou d'avoir eu des relations avec d'autres hommes que le père supposé vers l'époque probable de la conception, l'affaire sera immédiatement arrêtée et la femme imprudente renvoyée en correctionnelle.

L'Emancipatrice, 3, rue de Pondichéry — 9238-6-1910.